भावी वसन्त-विभ्राट्

स्त्री स्वप्न 2160 ई.

भावी वसन्त-विभ्राट्

स्त्री स्वप्न 2160 ई.

हज़ारीप्रसाद द्विवेदी

वाणी प्रकाशन

वाणी प्रकाशन

4695, 21-ए, दरियागंज, नयी दिल्ली 110 002

फ़ोन : +91 11 23273167 फ़ैक्स : +91 11 23275710

शाखाएँ

अशोक राजपथ, पटना 800 004, बिहार

कॉफ़ी हाउस कैम्पस, महात्मा गांधी मार्ग, इलाहाबाद 211 001, उत्तर प्रदेश

महात्मा गांधी अन्तरराष्ट्रीय हिन्दी विश्वविद्यालय, वर्धा 442 001, महाराष्ट्र

सुल्तानिया रोड, मोतिया पार्क, भोपाल 462 001, मध्य प्रदेश

www.vaniprakashan.com
marketing@vaniprakashan.in
sales@vaniprakashan.in

BHAVI VASANT-VIBHRAT
by Hazari Prasad Dwivedi

ISBN : 978-93-89915-70-9
Play

प्रथम संस्करण 2020

मूल्य : ₹ 100

सिटी प्रेस, दिल्ली-110 095 में मुद्रित

वाणी प्रकाशन का लोगो मक़बूल फ़िदा हुसेन की कूची से

परिचय

[वसन्त–विभ्राट् की कल्पना समय से कुछ पहले की गयी है, पर अमूलक नहीं है। कथानक आज से दो सौ वर्ष बाद का है। परिस्थितियों के सूक्ष्म अध्ययन से यह स्पष्ट ही समझ में आ जायेगा कि उन दिनों भारतवर्ष में कई स्वतन्त्र शासन वाले प्रदेश हो जायेंगे। उस समय वर्तमान प्रदेशों की सीमा ज्यों की त्यों नहीं रहेगी। अनुमान है कि वर्तमान बनारस कमिश्नरी और बिहार के कुछ ज़िलों के संयोग से 'काशी' नामक एक स्वतन्त्र प्रदेश होगा। इसकी राजधानी काशी होगी। साम्यवाद या इसी माप के अन्य वादों का बहुल प्रचार संसार की रोटी–समस्या हल कर देगा। लोगों को इस समस्या से फुरसत मिलने पर अन्य उलझनों के सुलझाने का सामूहिक उद्योग करना होगा। उसी समय 'सेक्स' का विवाद उग्र रूप धारण करेगा। कल्पना की गयी है कि बौद्धिक केन्द्र होने के कारण काशी में यह बात अधिक उग्र रूप धारण करेगी। रोटी की समस्या हल हो गयी रहेगी, इसलिए पुरुष विद्रोही स्त्रियों को आधी काशी दे देंगे। काशी के उत्तरार्द्ध में स्त्रियों का राज्य होगा और दक्षिणार्द्ध में पुरुषों

का। पुरुष–राज्य में स्त्रियाँ रहेंगी, पर स्त्री–राज्य में बिना आज्ञा के पुरुष नहीं जाने पायेंगे।

धार्मिक मतभेद उस समय तक उठ गया रहेगा। स्त्रियाँ पुष्प, लता आदि कोमलतावाचक नामों को नापसन्द करने लगेंगी। नाम इस तरह के रखे जायेंगे, जिनका धर्म से कोई सम्बन्ध नहीं होगा। पुरानी संस्कृति की गन्ध उनमें रहेगी, पर वे संस्कृत के नहीं होंगे। कोई–कोई परिवार प्राचीनता का प्रेमी तब भी रहेगा। इन परिवारों के नाम में प्राचीनता की गन्ध रहेगी।

विज्ञान तब तक न जाने कितना आगे बढ़ गया होगा। आज जिन्हें वर्षों में करते हैं, वे काम उस समय घण्टों में होंगे। गर्भ–निरोध का आन्दोलन उस समय इतिहास की चीज़ हो जायेगी। सुप्रजनन के लिए अव्यर्थ और सुगमतर वैज्ञानिक उपायों का आविष्कार हो गया रहेगा। भाषा बहुत बदल जायेगी। लिंग–भेद, 'ने' का प्रयोग, वैभक्तिक विकार लोप हो जायेंगे। (यहाँ भाषा इसी युग की दी गयी है। क्लिष्टता लेखक का दोष है) हाँ, हिन्दी भाषा और साहित्य की चर्चा ख़ूब ज़ोरों पर होगी।

इसी परिस्थिति को ध्यान में रख इस रूपक की रचना हुई है।

–लेखक]

पहला दृश्य

[काशी का उत्तरार्द्ध। फाटक पर प्रहरी–वेश में एक वासन्ती वस्त्र पहने पुष्प–मालाओं से आच्छादित वेश। मुँह प्रसन्न, निर्भय, तबीयत मस्त।]

: निर्भय पुरुष, तेरा नाम?

वसन्त : बसन्त, सुन्दरी!

द्वा.पा. : छिः! क्या तू काशी में नया आ रहा है? तुझे क्या मालूम नहीं कि काशी के उत्तरार्द्ध में स्त्रियों का अधिकार है? और वाचाल पुरुष, तुझे मालूम होना चाहिए कि स्त्रियों को 'सुन्दरी' कहकर अपमानित करने वाले पुरुष इस राज्य में दण्ड के भागी होते हैं।

वसन्त : अपमानित करना! भद्रे, मैं काशी में नया नहीं आया हूँ। साल में एक बार अवश्य आता हूँ और सच पूछो तो मैं स्त्रियों के इसी अपमान का सन्देशवाहक हूँ। मैं उनको याद दिलाता हूँ कि वे 'सुन्दरी' कहलाकर अपमानित होने के लिए ही

इस धरा–धाम में अवतीर्ण हुई हैं। सुना सुन्दरी!

द्वा.पा. : *(क्षण–भर कुछ सोचकर)* पुरुष, तू उद्धत भी है। तुझे मैं गिरफ़्तार करूँगी।

वसन्त : नहीं कर सकोगी। देखो, मैं चला। पर सच पूछो तो न मैं स्त्री हूँ, न पुरुष। मुझे न रोक सकने के कारण तुम्हें दुखी नहीं होना चाहिए। मेरे पीछे जो आदमी आ रहा है, वह मेरा मित्र है। रोक सको तो उसे रोकना। *(मस्त चाल से भीतर घुस जाता है।)*

द्वा.पा. : बुरा तो हुआ। मगर क्या हुआ? जाने भी दो। मगर कर्तव्य? *(सोचकर)* थाने में रिपोर्ट कर देनी चाहिए।

[बिजली का स्विच दबाती है। वसन्त का एक बृहदाकार फ़ोटो आ जाता है। दूसरा स्विच दबाती है, क्षण–भर रुकती है, फिर कुछ कहती है।]

चलो छुट्टी हुई। पुलिस ने उसे गिरफ़्तार कर लिया।

दूसरा दृश्य

[स्थान : थाना। पुलिस इंस्पेक्टर के वेश में एक स्त्री बैठी है। आकृति कुछ रुक्ष, अवस्था पचास से ऊपर, दृष्टि कर्कश! बगल में कॉन्स्टेबिलों के रूप में कुछ जवान स्त्रियाँ खड़ी हैं। वसन्त बन्दी–वेश में।]

पु.इं. : हमीदा! तो द्वारपालिका ने क्या फ़ोन किया है?

हमीदा : यही, कि पुरुष उद्धत है। स्त्री–समाज को अपमानित करने के अभिप्राय से नगर में अनाधिकार प्रवेश कर रहा है।

पु.इं. : *(वसन्त से)* क्यों पुरुष! बातें ठीक हैं?

वसन्त : बहुत कुछ!

पु.इं. : तू अपना अपराध स्वीकार करता है?

वसन्त : अपराध? नहीं तो!

पु.इं. : तब तूने किसकी आज्ञा से इस स्त्री–शासन के भीतर घुसने का साहस किया है?

वसन्त : आज्ञा? प्रौढ़ा होकर भी सरल हो भद्रे! देखती नहीं कि तुम्हारे कॉन्स्टेबिलों ने मुझे निमन्त्रित किया है। इस राज्य की सभी किशोरियों और तरुणियों ने एक ही साथ निमन्त्रण दिया है। वह देखो, आम का पुलक–कण्टक शरीर; उधर देखो, मालती का व्रीड़ारक्त प्रतान; वह देखो, मधूक की प्रफुल्ल वेदना। छिः भद्रे! इतने हृदयों का मैं अतिथि हूँ। तुमने मुझे निगडबद्ध किया है?

पु.इं. : *(कॉन्स्टेबिलों की ओर)* क्यों हमीदा, तुम लोगों ने एक उद्धत पुरुष को आमन्त्रित किया है, जो गली–कूचे कहता फिरता है कि मैं स्त्रियों के अपमान का सन्देशवाहक हूँ? धिक्कार है! इस बाईसवीं शताब्दी में भी छलना! षड्यन्त्र!...

कॉन्स्टेबिल्स : *(सभी एक स्वर से)* मिथ्या, झूठ, सरासर झूठ, हम लोगों ने पुरुषों के बहिष्कार का व्रत लिया है। मिथ्यावादी पुरुष! तुझे प्रमाणित करना होगा।

वसन्त : *(हँसकर)* सुन्दरियो, अगर तुमने मुझे निमन्त्रित किया तो क्या बुरा किया? मैं–मैं तो भई, न स्त्री हूँ न पुरुष। असल में भद्रे! *(पुलिस इंस्पेक्टर की ओर मुँह फेरकर)* ये बेचारियाँ जानती ही नहीं कि इन्होंने मुझे न्योता दिया है।

पु.इं. : *(विकट हास्य करके)* ह ह ह ह...'मान न मान मैं तेरा मेहमान!' पुरुषों में अभी चौबीसवीं शताब्दी तक बर्बरता रहेगी।

एक कॉन्स्टेबिल धीरे–से दूसरे के कान में–अगर तब तक इनकी ज़ात बच गयी तब न!

पु.इं. : अच्छा, सोफ़ा, ब्रूचा और चंगिया इसे कारागृह में ले जायें। *(थोड़ा रुककर)* भला सुनो तो। इस पुरुष को साधारण कारागृह में न रखना। वहाँ हम कै़दियों को मुक्त भाव से रखते हैं, पर इसमें तो बीसवीं शताब्दी की बू है। इसे बन्धनशाला में रखना होगा।

[सोफ़ा, चंगिया और ब्रूचा वसन्त को लेकर चलती हैं। शेष का प्रस्थान।]

वसन्त : तो तुम लोग मुझे बाँधोगी, सुन्दरियो?

सोफ़ा : बड़े धृष्ट हो पुरुष! स्त्रियों का अपमान करना, देखते हैं, तुम्हारा स्वभाव हो गया है।

चंगिया : फल भोगना पड़ेगा, उद्दण्ड पुरुष!

ब्रूचा : आजीवन कारावास!

वसन्त : *(मुस्कुराकर गाने लगता है।)*

आ...ओ

यौवन तुम खुलकर आओ।

ये भोली–भोली चितवन,

कुछ हाला है कुछ मधुकन,

अंग–अंग थिरकन मन फरकन;
तुम सफल इसे कर जाओ। यौवन तुम...

सोफ़ा : क्या गाते हो पुरुष?

वसन्त : नहीं समझोगी सुन्दरी?

चंगिया और ब्रूचा : क्यों?

वसन्त : क्यों? इसलिए कि अभी कर्तव्य की दहकती आग पर जल रही हो। तुम्हें अपनी ओर देखने की फुरसत कहाँ? भला यह चाँद–सा मुखड़ा, यह चम्पे–सा रंग, यह कोकिल–सी बोली। सब है, पर...सब–पर...पर तुम्हें तो कर्तव्य पर मरना है, मरो। सुन्दरता भी बड़ी बुरी जगह आ फँसी है। *(गाने लगता है।)*
सौन्दर्य! तुम्हें क्या भय है,
यह सरल सुभग अल्हड़पन
कुछ विस्मृत विवश अचेतन
निखरा तन बिखरा–सा मन
तुम सफल इसे कर जाओ। यौवन तुम
आ...ओ

सोफ़ा : चुप, चुप, सामने आर्य–महल्लिका का निवास–स्थान है।

वसन्त : *(फिर गाता है)* यौवन तुम...

तीसरा दृश्य

[स्थान : मन्त्रणागृह। आर्य महल्लिका के सामने दो भद्र महिलाएँ बैठी हैं। पहिली (बाढ़वित्तिका) हिन्दी–साहित्य की कीर्तिप्राप्त अध्यापिका है और दूसरी (व्युद्‌गदा) राजनीति तथा क़ानून की परामर्शदात्री।]

आर्य महल्लिका : आश्चर्य है। एक उद्दण्ड पुरुष इस प्रकार स्त्री–शासन का अपमान करना चाहता है और सारी स्त्री–जाति निस्सहाय–सी होकर बैठी है। मैं आप लोगों के आदर्शवाद से तंग आ गयी हूँ। इससे तो बीसवीं शताब्दी के शासक अच्छे थे। फाँसी दे दी गयी होती, मामला तय हो जाता।

बाढ़वित्तिका : आश्चर्य है।

आर्य महल्लिका : *(द्वारपाल को बुलाती है।)* संचोणी!

संचोणी : भद्रे, *(सामने आकर)* क्या आज्ञा है?

आर्य महल्लिका : महामन्त्रिणी को बुला ला।

[संचोणी जाती है। एक मिनट पश्चात् लौट आती है।]

संचोणी : भद्रे, महामन्त्रिणीजी के आने में तीन मिनट की देर होगी। वे केश–संस्कार कर रही हैं। *(जाती है)*

आर्य महल्लिका : केश–संस्कार! आश्चर्य है।

व्युद्गदा : आश्चर्य क्या है, भद्रे?

आर्य महल्लिका : *(व्युद्गदा की ओर देखकर)* अच्छा, आपने भी तो आज कुछ नया रूप धारण किया है। फिर आश्चर्य काहे का? स्त्री–शासन के प्रारम्भ–महोत्सव के दिन यह घोषणा आपने ही की थी न, कि शृंगार स्त्रियों की शारीरिक और मानसिक दासता का चिन्ह है?

[महामन्त्रिणी का प्रवेश। चेहरे पर लावण्य, केश संस्कृत, साड़ी सुरभित, हाथ में पुष्पों की माला।]

आर्य महल्लिका : *(महामन्त्रिणी की ओर)* स्वागत है भद्रे! आसन ग्रहण कीजिए। आज महामन्त्रिणी के इस अभिनय वेश–विन्यास का कारण?

महामन्त्रिणी : भद्रे! आश्चर्य है। आज सवेरे अपने मकान के बाहरी बरामदे में बैठकर

'स्त्री–सर्वस्व' पढ़ रही थी। मेरी दृष्टि पहले सम्पादकीय वक्तव्य पर ही जाती है। सम्पादिका ने अधिकारियों की ख़ूब ख़बर ली थी। लिखा था–"स्त्री–शासन का आज दिवाला बोल गया है। आज एक उद्धत पुरुष गली–कूचे में स्त्री जाति का अपमान करता फिरता है और अधिकारीवर्ग कान में तेल डालकर सो रहा है।'' मैं पुलिस से पूछना चाहती थी कि माजरा क्या है कि देखकर आश्चर्य हुआ कि वही पुरुष, जिसका फ़ोटो 'स्त्री–सर्वस्व' में निकला था, हमारे मकान के फूलों के गमलों को निर्भयतापूर्वक देख रहा है। बड़ी सावधानी से एक–एक पत्ते स्पर्श करता, मुस्कुराता और गुनगुनाता है। मेरी ओर उसका बिल्कुल ध्यान नहीं था।

आर्य महल्लिका : अच्छा। तब तो वह बड़ा धृष्ट है।

बाढ़वित्तिका : बीसवीं शताब्दी के साहित्यिकों की कृतियों में कभी–कभी ऐसी घटना पढ़ने को मिल जाया करती है।

महामन्त्रिणी : तो भद्रे, मैंने उसको डाँटकर कहा कि क्यों रे उद्दण्ड पुरुष, तू यहाँ क्या कर रहा है? उसने हँसकर जवाब दिया–

'सुन्दरी, ये फूल आज खिलेंगे, देखती नहीं, इनकी पुलक–वेदना! मुग्धा हो सखी।' यह कहकर वह फिर अपने काम में लग गया।

आर्य महल्लिका : महामन्त्रिणी का अपमान अक्षम्य है! हाँ फिर?

महामन्त्रिणी : भद्रे! तब तक मैं बड़े गुस्से में आयी। जी में आया कि इक्कीसवीं शताब्दी की नीति से काम लूँ। बच्चा, चार हण्टर में ही दुरुस्त हो जायेंगे। मगर कुछ सोचकर मैं ख़तरे का स्विच दबाने को उठी। उठ भी नहीं पायी थी कि वह मेरी ओर मुड़ा। बोला–'बड़ी निर्मम हो सरले! अपने ही ऊपर इतना अत्याचार। ये रेशम से केश हवा में बिखरने के लिए नहीं बने हैं। सौन्दर्य का दुरुपयोग महामन्त्रिणी भी नहीं कर सकतीं। आओ हम सँवार दें।' मैंने कहा–'उद्धत पुरुष!' वह धीरे–धीरे हँसता हुआ मेरी ओर बढ़ा। बोला–'मैं स्त्री भी नहीं, पुरुष भी नहीं। छिः! ऐसी दिये की बाती–सी देह और ऐसी उपेक्षा।' वह धीरे–से पीछे आकर खड़ा हो गया और बड़े धीरे–धीरे अपनी उन कोमल उँगलियों से मेरे केश सहलाने

लगा। मुझे जैसे नींद–सी आ गयी। वह बोलता गया–'मुझसे यह सब नहीं देखा जायेगा। तुम मुझे पुरुष कहती हो? पुरुष मुझे स्त्री कहते हैं। पुरुष हमारा मित्र है। हमारे पीछे ही आयेगा। उसी से झगड़ना। ज़रा आईने में देखो तो, तुम महामन्त्रिणी हो कि सुन्दरी।'

आर्य महल्लिका : आश्चर्य है!

बाढ़वित्तिका : बीसवीं शताब्दी के आरम्भ में ही अंग्रेज़ी के 'रोमांटिसिज़्म' की एक धारा हिन्दी साहित्य में आ मिली थी। कुछ कवियों ने इसी से प्रभावित होकर इस तरह की कहानियाँ लिखी थीं। आश्चर्य है!

महामन्त्रिणी : वह हँसता हुआ निकल गया। मैं अनिच्छापूर्वक उठकर आईने के सामने खड़ी हो गयी। भद्रे, जैसे मेरा नया जन्म हो गया हो। मुझे अनुभव हुआ कि मैं महामन्त्रिणी नहीं, सुन्दरी हूँ। पर जब चेत हुआ तो अपनी कमज़ोरी पर पछतावा हुआ। उसी समय मैंने परिचारिकाओं को आज्ञा दी कि वह पुरुष जहाँ हो, पकड़कर आर्य महल्लिका के सामने पेश किया जाये। मेरे ही ऊपर जब उसका ऐसा बुरा प्रभाव पड़ सकता

है, तो औरों की क्या बात है?

व्युद्गदा : *(आर्य महल्लिका से)* भद्रे, दण्ड का बहिष्कार इक्कीसवीं शताब्दी की राजनीति से ही शुरू हो गया है। बाईसवीं शताब्दी उस नीति की परिणति का युग है। स्त्री–शासन की स्थापना उस आदर्श को कार्य–रूप में परिणत कर दिखाने के लिए हुई है।

[नेपथ्य में तुमुल ध्वनि। नागरिकों का एक दल गाता हुआ सड़क से निकल जाता है।]

गाना

आऽऽऽओ! तुम आओ चंचल आओ।
इस आम्र बकुल द्रुम मूले,
सौरभ सरसित सर कूले,
प्रतिपल परिमल बरसाओ। तुम...
यह फुल्ल कुसुम द्रुम लतिका,
उत्सुक प्रभविष्यत् पतिका,
छुम छननननननन आओ। तुम...
वह विकल सकल बन बीथी,
तुम बिन अब तक भूली थी,
रुनझुन रुनझुन झननाओ। तुम...

आर्य महल्लिका : *(क्षण–भर निःस्तब्ध रहकर)* अध्यापिका,

क्या बात है? गीत की भाषा तो बहुत ही पुरानी जान पड़ती है, यह किसका गीत है?

बाढ़वित्तिका : भद्रे, यह एक आश्चर्य की बात है। इस गीत का रचयिता अपने युग में सदा उपेक्षित रहा। आज दो सौ वर्ष बाद उसके गीत की क़द्र ये छोकरियाँ करने लगी हैं। पुरुष का रचित गीत और वह भी बीसवीं शताब्दी के पुरुष का! छिः!

[पाचिका का प्रवेश]

पाचिका : समय हो गया है भद्रे!

आर्य महल्लिका : अच्छा, कल खुली अदालत में उस पुरुष पर मुकद्दमा चलाया जाये। इन लड़कियों को उस दुष्ट ने ही बरगलाया है। अच्छा तो आज...

बाढ़वित्तिका : अच्छा, नमस्कार। *(उठती है)*

व्युद्गदा : नमस्कार। *(उठती है)*

चौथा दृश्य

[स्थान : आर्य महल्लिका का घर। उनकी पुत्री 'जामा' पियानो पर एक गीत गा रही है।]

गीत

दिगन्त की गोद में छिपी–सी
पिया की नैया दिखा रही है;
कभी मिलेगी या न मिलेगी,
ऐ मन खिलाड़ी किनारा कस ले।
भ्रमर–से काले वे केश सुन्दर,
व चम्पई रंग की गुराई;
कभी मिलेगी या न मिलेगी,
ऐ मन विलासी किनारा कस ले।
मधुर–मधुर स्मित सलोनी चितवन,
निराली चालें अनोखी बातें;
कभी मिलेंगी या न मिलेंगी,
ऐ स्वप्नदर्शी किनारा कस ले।
व' चुलबुले चाव की प्रतीक्षा,

व' चाह हिय की व' चोट दिल की;
कभी मिलेगी या न मिलेगी,
ऐ मुन्तज़िर मन किनारा कस ले।

[आर्य महल्लिका का प्रवेश]

आर्य महल्लिका : *(कुछ स्तब्ध–सी रहकर)* जामा, यह क्या कर रही है?

जामा : तुम आ गयीं मामा। ओह, सवेरे से मैं तुम्हें ही ढूँढ़ रही थी।

आर्य महल्लिका : क्यों, बात क्या है? आज तू कुछ अनमनी–सी दिखाई दे रही है। क्यों बोल *(जामा के सिर पर धीरे–धीरे हाथ फेरती है।)* आज यह नया गीत तुझे किसने सिखाया?

जामा : वही तो कहना है, मामा। सुबह जब तुम मन्त्रणागृह चली गयीं, उसके कुछ ही देर बाद एक पुरुष इस बगीचे में आया। मेरी ओर तो उसने देखा भी नहीं। सीधे गमले के फूलों के पास गया। बड़े ही स्नेह से एक–एक फूल की ओर देख–देखकर मुस्कुराता जाता था। पुष्प भी उसे देखते ही खिल उठते थे। देखो तो मामा, आज फूल किस प्रकार प्रसन्न हैं, जैसे उनमें नयी जान आ गयी हो।

आर्य महल्लिका : *(फूलों की ओर देखकर)* ऐं! यहाँ आने का भी उसने साहस किया–फिर?

जामा : फिर तो मामा, वह धीरे–धीरे मेरे पास आ गया। उसका आना मुझे बड़ा ही अच्छा लगा। उसकी मस्तानी चाल, उसकी मादक मुस्कान! सभी ग़ज़ब की थीं मामा, एकदम ग़ज़ब की! तुम इस तरह क्यों देख रही हो मामा! अगर तुम देखतीं!

आर्य महल्लिका : हाँ–हाँ, कहती चल।

जामा : हाँ, तो वह आया और आकर मेरे सामने वाली उसी कुर्सी पर बैठ गया और हँसते–हँसते बोला–'तुम्हारे घर सबसे अन्त में आया हूँ, क्या इसीलिए तुम रूठी हो सखी!' उसकी बातें कितनी मीठी थीं। मैंने कहा–'रूठने क्यों लगी!' वह बोला–'तुम जानती नहीं, मगर तुम रूठी ज़रूर हो। यही क्या बाल तरुणी का वेश है? तुम्हारे इन पकी मिर्च–जैसे लाल–लाल होंठों पर यह उदासी क्यों है? हँसो, खेलो, छिः! यह कटोरे–जैसी आँखें क्या पोथी पढ़ने के लिए ही बनी हैं? इनसे मदिरा ढलने दो, अमृत बरसने दो।' यह कहकर वह उठा और मेरा

वेश सँवारने लगा। उसके छूते ही मेरी धमनियों में एक विचित्र स्पन्दन होने लगा। मैं...!

आर्य महल्लिका : तुझे क्या हो गया है जामा, सँभाल अपने को।

जामा : पूरा सुन लो मामा! उसी समय उसका एक मित्र आया। आह माँ, बलिहारी है उस रूप की। मानो स्वयं सौन्दर्य ही ने मानव मूर्ति धारण कर ली हो। बहुत मनोहर नहीं है माँ। हँसकर उसने कहा–*(हाय उसकी हँसी में कितनी मदिरा थी)* चारुलोचने! तुम्हारा प्रिय तुम्हारी प्रतीक्षा में है। और बस, चला गया। परन्तु वसन्त बड़ी देर तक बैठा रहा। अभी तक एक गाना गाता रहा है। सुनोगी माँ। सुनो न...

आर्य महल्लिका : रख–रख अपना गाना। स्वच्छन्द भाव से पुरुष लड़कियों को बहकाते फिरते हैं और राज्य किंकर्तव्यविमूढ़ हो रहा है। बस, कल इन पुरुषों की एक ही सज़ा होगी–फाँसी। हो चुकी, आदर्श की रक्षा हो चुकी। आर्य महल्लिका के घर में भी औद्धत्य! पुरुष–धृष्ट, कामुक, उच्छृंखल पुरुष!

जामा : नहीं माँ, क्षमा कर दो।

आर्य महल्लिका : क्षमा? असम्भव। *(देखकर)* हैं, तेरा हार क्या हुआ?

जामा : उसी वसन्त के साथी मदन को दे दिया था।

आर्य महल्लिका : *(लात पटककर)* मदन को? कौन होता है तेरा मदन?

जामा : क्यों माँ, इतना क्या बिगड़ गया। उसने लिया थोड़े; देखो न वह जाते समय फेंक गया है। फिर भी मैं कैसे न देती माँ?

आर्य महल्लिका : फेंक गया। डबल अपमान! देखूँगी उस दुष्ट को!! *(जाती है)*

जामा : कुछ समझ में नहीं आता, मामा इतना बिगड़ती क्यों हैं? पुरुष–राज्य में तो स्त्रियों की कमी नहीं है। फिर स्त्री–राज्य में एक पुरुष आ ही गया तो क्या बिगड़ गया। बुरा क्या किया? न देती तो रहती कैसे? इतना सुन्दर रूप! उफ़!

[हवा से आँचल उड़ने लगता है। तन्मय भाव से गाने लगती है।]

गीत

तुम चंचल अंचल जाते कहाँ?
मृदु–मन्द हवा में लगे हिलने,

पिय की पगिया से चले मिलने।
न उतावले हो मुँहज़ोर, सखा,
तुमने कब प्रीतम–रूप लखा?
फहराते कहाँ लहराते कहाँ,
तुम चंचल अंचल जाते कहाँ?
मन–भावन का पिक देता पता,
बतला दे कोई वह क्या कहता?
इस कूक में प्रीतम की समता,
है कुहू–कुहू में कितनी ममता?
इठलाते कहाँ, बल खाते कहाँ?
तुम चंचल अंचल जाते कहाँ?
द्रुम कुंच की ये कुसुमावलियाँ,
हँसती–सी सुमंजुल ये कलियाँ,
तरु–मंजरियाँ, कल काकलियाँ,
लख आयीं पिया पुलकावलियाँ
झुक जाते कहाँ, रुक जाते कहाँ,
तुम चंचल अंचल जाते कहाँ?
मृदु माधुरी की नव–वल्लरियाँ,
नव मल्लिका–कुंज की ये लरियाँ,
बन ज्योत्स्ना की मोहक झालरियाँ,
पिय की लख आयीं लहालरियाँ,
रसराते कहाँ, मदमाते कहाँ,
तुम चंचल अंचल जाते कहाँ?

पाँचवाँ दृश्य

[काशी का दक्षिणार्द्ध। पुरुष–मण्डल के मन्त्रिमण्डल का युवक सदस्य दर्भरूढ़ का उद्यान। दर्भरूढ़ चिन्तित और उद्विग्न भाव से टहलता है।]

कल की ही तो बात है। जान पड़ता जैसे कितनी पुरानी घटना है। वियोग में घड़ियों का मान युगों के बराबर हो जाता है। कल बुरे मुहूर्त में नौकाविहार के लिए निकला। एक स्वप्न–सा देखा, समाप्त हो गया। वर्षों के संयम का बाँध घड़ी–भर में टूट गया। उसकी भी नाव ऐसी टकरायी कि क्या कहना! संयोग! नहीं तो कहाँ स्त्री–शासन की आर्य महल्लिका की कन्या–आजीवन जिसने पुरुषों से घृणा करना ही सीखा है और कहाँ पुरुष–शासन के मन्त्रिमण्डल का सदस्य–तनकर चलने वाली स्त्रियों की हस्ती मिटा देना ही जिसके जीवन का व्रत है। संसार भी एक रहस्य ही है। अभी उस दिन लोगों के लिए रोटी का सवाल ही बड़ा टेढ़ा था। हज़ारों वर्षों की लगातार लड़ाई के बाद इस बाईसवीं शताब्दी में वह हल हुआ तो यह और भी जटिल विवाद 'सेक्स'

का उठ खड़ा हुआ। समझ में नहीं आता, आख़िर ये चाहती क्या हैं? स्त्री–शासन! हुँ! आसमान का फूल! भले तो पड़ी थीं, घर–गिरस्थी लेकर। *(कुछ ठहरकर)* कुछ भी हो, मगर जामा तो स्त्री–शासन की मरुभूमि की सरस्वती है। उसका उद्धार करना होगा। मैं स्त्री–शासन में प्रवेश करूँगा। जामा! तुम्हें पाने के लिए मैं अपने को विपत्ति में भी झोंक दूँगा।

छठा दृश्य

[उत्तरार्द्ध। पंचगंगा घाट। महामन्त्रिणी स्नान करके जाना चाहती है। इसी समय एक नौका घाट पर लगती है। दर्भरूढ़ उतरता है। इसे देखकर महामन्त्रिणी फिर जाती है।]

महामन्त्रिणी : भद्र, स्त्री–शासन में प्रवेश के लिए आपके पास अधिकार–पत्र है? आपकी सौम्य आकृति से जान पड़ता है कि आप कोई सम्भ्रान्त पुरुष हैं?

दर्भरूढ़ : महाभागे, मैं अपरिचित महिलाओं से बोलना अनुचित समझता हूँ, क्योंकि उनसे शालीनतापूर्वक बातें कीजिए तो वे अपना गुलाम समझने लगेंगी, अड़कर बातें कीजिए तो वे अपना अपमान समझेंगी। इसीलिए भद्रे, अपरिचित रमणियों से बातें करते समय, अगर आप मेरी बातों में रुक्षता पावें, तो क्षमा करें। आपका अनुमान ठीक है। मैं

पुरुष–शासन के मन्त्रिमण्डल का सदस्य हूँ। महाभागा का शुभ परिचय?

महामन्त्रिणी : मैं स्त्री–शासन की महामन्त्रिणी हूँ।

दर्भरूढ़ : महामन्त्रिणी के प्रति मैं अपना आदर प्रकट करता हूँ। *(सिर झुका देता है।)*

महामन्त्रिणी : *(प्रतिनमस्कार के साथ)* हाँ तो भद्र, आपका अधिकार–पत्र?

दर्भरूढ़ : जहाँ तक मुझे स्मरण है, पिछले बँटवारे के अवसर पर एक–दूसरे के राज्य में प्रवेश के लिए अधिकार–पत्र की बाधा नहीं रखी गयी थी। आपके स्त्री–शासन की प्रजा तो स्वच्छन्द भाव से पुरुष–शासन में जाती है। पर...

महामन्त्रिणी : एक दुर्घटना हो गयी है भद्र! 'वसन्त' और 'मदन' नाम के दो पुरुषों ने अनाधिकार प्रवेश करके राज्य को इस सिरे से लेकर उस सिरे तक उत्कम्पित कर दिया है। आज उन पर मुकद्दमा चलने वाला है। इसीलिए आपके पास एक अधिकार–पत्र होना चाहिए। *(सोचकर)* मैं आपको निमन्त्रित करूँगी। लाइए, निमन्त्रण–पत्र लिख दूँ। *(लिखकर देती है।)*

दर्भरूढ़ : इस अकारण कृपा के लिए अनेक धन्यवाद।

महामन्त्रिणी : *(धीरे–से)* अकारण नहीं, सकारण। (स्पष्ट)

अच्छा, अब मैं अपने सम्मानित अतिथि के शुभागमन का कारण जान सकती हूँ?

दर्भरूढ़ : भद्रे, मैं इस शासन में चोरी–चोरी से नहीं हूँ। परन्तु मेरे आगमन का कारण सुनकर आप प्रसन्न भी न होंगी। मैं स्त्री–शासन की आर्य महल्लिका की कन्या को अपनी जीवनसंगिनी बनाने का प्रयत्न करने आया हूँ।

महामन्त्रिणी : *(कुछ पीली पड़ जाती है)* असम्भव के लिए प्रयत्न करने चले हो भद्र! स्त्री–शासन में आपको और संगिनियाँ मिल सकती हैं, पर जामा। असम्भव, अच्छा आइए। *(दोनों का प्रस्थान)*

सातवाँ दृश्य

[महामन्त्रिणी का कक्ष। महामन्त्रिणी का उदास भाव से प्रवेश।]

महामन्त्रिणी : *(स्वतः)* क्या हो गया है? नाड़ी के प्रत्येक स्पन्दन में आज चंचलता का अनुभव हो, वही पुराने दिन याद आ रहे हैं। कौन–से? इस पच्चीस वर्ष की जीवन–मरुस्थली में हरियाली तो एक दिन भी नहीं दिखायी पड़ी। पर याद कुछ ज़रूर आ रहा है। एक बार, मानो बहुत दिन बीत गये, सुप्त वसन्त का जागरण होता था, तभी से अब तक लगातार पुरुषों का विरोध करती आ रही हूँ–इस शरीर का रोंआ–रोंआ पुरुष–जाति की घृणा से सींचा गया है। आज स्त्री–शासन के एकान्त मन्त्रित्व ने रक्त के किसी कण में भी पुरुषों के प्रति सहानुभूति नहीं बचने दी है फिर भी दर्भरूढ़ में ऐसी क्या बात है कि उसको देखते ही

हमारा सम्पूर्ण स्त्रीत्व उभर पड़ा है? मैं केवल स्त्री हूँ। स्त्री–पुरुष की उपभोग्या स्त्री? छिः! यह विचार कितने लज्जाकर हैं। पुरुष के हाथ में अबाध स्त्रीत्व का समर्पण! असम्भव!!

मगर और भी असम्भव है स्वीकार। पुरुष को स्त्रीत्व का उपहार देने का निश्चय तो किया, पर उसके पहले ही पुरुष ने उसे अस्वीकार करने की घोषणा कर दी। सावधान, आहत स्त्रीत्व! *(गुनगुनाती है)*

तुम गर्वित रमणी के मतवाले,
प्रेम छिपे ही रहना।
माया की नदियाँ हैं, इसमें
मत बहना, चुप ही रहना।
तब मस्तक ऊँचा रहे सदा,
सुन्दर को देख न सकना।
सौन्दर्य–शिखा जलती रहती है,
उस पर आ मत झुकना।
ऐ, गर्व–भरे अनुराग,
आज है ख़ूब सम्हलना तुमको,
ऐ, मुक्त बन्ध क्रीड़ा,
अपने ही में बँधना है तुमको।
तुम अनियन्त्रित हो हृदय,
आज अपने को चुप कर रखना,

इस गर्व–भित्ति के अन्तराल–
से ही अपना धन लखना।
अभिलषित एक पद ही आगे है,
हे मद–गर्वित! सम्हलो।
आजीवन शृंखलहीन रहे!
क्षण–भर तो शृंखल सह लो!

[जामा का प्रवेश]

जामा : जीजी–जीजी, यह क्या जीजी, तुम आज उदास क्यों?

महामन्त्रिणी : नहीं तो, उदास तो नहीं हूँ। मगर तेरी क्या सूरत हो गयी है जामा।

जामा : जल रही हूँ जीजी, जल रही हूँ। मुझे बचाओ, मामा से मेरी रक्षा करो। फहराओ न जीजी, तुम अपने पुरुष–विद्रोह का झण्डा। एक ग़रीब जामा के हाथ न लगाने से स्त्री–शासन का क़िला तो ढहा नहीं जाता।

महामन्त्रिणी : आख़िर मामला क्या है? क्यों जली जा रही है?

जामा : कल ही की तो बात है जीजी। गंगा में नौकाविहार के लिए निकली थी। एक दूसरी नाव भी उधर से आ रही थी। उस पाजी वसन्त ने मुझे एक गाना सिखा दिया था। गाती चली जा रही थी। अपने तन–बदन की भी सुध नहीं थी। अचानक मेरी नाव

उस नाव से टकरा गयी। मैं जैसे सोते से जग पड़ी। वह तो कहो उस दूसरी नाव का आदमी बड़ा चतुर था। कब नाव टकरायी, कब मेरा डाँड़ हाथ से गिरा, कब मेरी नाव तलमलायी, कब उसने सम्हाली, मुझे कुछ ख़बर ही नहीं। एक दम मारते–मारते ही सारी बातें हो गयी, जैसे बिजली कौंध गयी हो। दूसरे ही क्षण में मैं उसकी नाव में थी। हाय! क्या बताऊँ जीजी, मैं मर–सी गयीं। उसने मेरा नाम पूछा। वह मुझसे कुछ और पूछना चाहता था, पर यह सुनकर कि मैं आर्य महल्लिका की कन्या हूँ, मुँह फेर लिया। मुझे पहली बार आर्य महल्लिका की कन्या होने का दुःख हुआ। घर आकर जो यह समाचार मामा से कहा तो वह जल–भुनकर खाक हो गयीं। अच्छा जीजी, तुम तो स्त्री–शासन की महामन्त्रिणी हो, बताओ तो भला इसमें क्या दोष हुआ? मामा क्यों नाराज़ हैं? तभी से मैं जल रही हूँ। फिर से उसे देखती तो कह देती, मैं स्त्री–शासन से कुछ भी सम्बन्ध नहीं रखती।

महामन्त्रिणी : *(स्वर कुछ धीमा करके)* दोष कुछ नहीं है जामा। वह आदमी तुम पर 'मर' रहा है; जाओगी उसके साथ?

जामा : वह मर क्यों रहा है, जीजी? तुम उसे जानती हो? वह मुझे कहाँ ले जायेगा? फिर मामा के साथ नहीं रहने देगा? न जीजी, मैं हमेशा के लिए तो नहीं जाऊँगी।

महामन्त्रिणी : अभी तो तुम कह रही थीं कि मामा से बचाओ और अब?

जामा : कैसे न कहूँ जीजी, मामा न जाने क्या चाहती हैं। पुरुषों का नाम मेरे मुँह से सुना नहीं कि आगबबूला हुईं नहीं। पुरुषों ने क्या पाप किया है जीजी? नहीं, मुझसे नहीं होगा। मैं आज घर से भाग आयी हूँ। कुछ दिन तुम्हारे ही यहाँ रहूँगी।

महामन्त्रिणी : रहना यहीं पर। मैं आर्य महल्लिका को फ़ोन किये देती हूँ। *(स्विच दबाती है। कुछ कहती है)*।

[दासी का प्रवेश]

दासी : भद्रे, दर्भरूढ़ आना चाहते हैं।

महामन्त्रिणी : आवें। कह दो।

[दर्भरूढ़ का प्रवेश]

महामन्त्रिणी : स्वागत है भद्र! आइए *(जामा की ओर देखकर)* यही आर्य महल्लिका की कन्या जामा है। कुछ दिन यहीं रहेगी।

दर्भरूढ़ : (जामा को देखकर कुछ ठिठककर) आप मुझे पहचानती हैं भद्रे?

जामा : *(कुछ किंकर्तव्यविमूढ़–सी होकर)* आप... आपको...आप यहाँ कैसे?

दर्भरूढ़ : मेरा यहाँ आना कुछ आश्चर्य–सा ज़रूर है। पर मेरे आने का कारण उतना आश्चर्यजनक नहीं है। मैं...

महामन्त्रिणी : *(कुछ बाधा–सी देती हुई)* भद्रे, आज 'मदन' नामक उपद्रवी पकड़ा गया। वसन्त का पता नहीं है। आप मुकद्दमे की कार्यवाही देखना शायद पसन्द करेंगे। वहीं जामा की माँ से भी मुलाक़ात होगी।

दर्भरूढ़ : मैं ज़रूर चलूँगा। जामा भी चलेंगी?

महामन्त्रिणी : नहीं।

जामा : मैं, किन्तु...

महामन्त्रिणी : नहीं।

आठवाँ दृश्य

[स्थान : सामान्य उद्यान। सहकार–पूजन। तीन लड़कियाँ गा रही हैं। हाथ में सहकार–मंजरी है।]

गाना

सहकार मुकुल तुम फूलो।
यौवन के रुचिर प्रतीक आज,
मानस झूले में झूलो।
रस उमड़–घुमड़ के बरस रहा
तेरे सौरभ के संग में;
ऐ मूर्त पुलक–कम्पन, अपने
कोमल अंग से अंग छू लो।
नस–नस में उभर पड़ी मतवाली
विरह–बिथा ऐ प्यारे;
अपने अनुरागी हृदय बीच भर
यह अनुराग लहू लो;
प्रियतम के निकट चले अर्पण,
करने अनुरागी मन को;

कुछ हृदय तरसते हैं पीछे,
इतनी बतियाँ मत भूलो।

[अक्षत, पुष्प, चन्दन आदि चढ़ाती हैं।]

पहली : चलो, आज का कार्य समाप्त हुआ।

दूसरी : क्यों सहेली, कल की सभा में तू गयी थी?

सहेली : क्यों न जाती? कल–जैसा उत्साह तो हमें स्त्री–शासन में दिखायी ही नहीं दिया। मदन के गिरफ़्तार होने से शासन में एक तूफान–सा आ गया है। कल की सभा अभूतपूर्व थी।

तीसरी : सभापति कौन थीं?

सहेली : वही मुंचर्जला देवी। ग़ज़ब का इतिहास पढ़ा है भाई, ग़ज़ब का। कल तो उसने कमाल का व्याख्यान दिया। बीसवीं सदी से लेकर अब तक के लिखे गये इतिहास–ग्रन्थों के उद्धरण दे–देकर अपने तीन घण्टे के लम्बे व्याख्यान में उन्होंने बताया कि किस तरह पुरुषों ने स्त्रियों पर अधिकार जमाया, किस प्रकार फिर उन्होंने ही उन्हें स्वतन्त्रता दी और किस प्रकार संसार आज स्त्री–स्वातन्त्र्य के कारण काँप उठा है। उन्होंने कहा, स्त्री–स्वतन्त्रता का कोई अर्थ नहीं है। स्त्री शासन की विफलता की एक–एक पोल खोलकर श्रीमुंचर्जला देवी ने प्रमाणित किया। पुरुष बहिष्कार का आन्दोलन पागलपन है। आज स्त्री–शासन की सभी नागरिकताएँ प्रचण्ड जुलूस के साथ विचार–सभा में जायेंगी।

वहाँ सहकार–दल की माँग मुंचर्जला देवी पेश करेंगी।

दूसरी : सहकार दल क्या?

सहेली : कल ही सहकार–दल का संगठन हुआ है। इसका उद्देश्य होगा पुरुषों के साथ ससम्मान सहयोग। साधन होगा स्त्री के शासन से असहयोग। इस दल के पताके पर सहकार–मंजरी की छाप होगी। अगर माँग अस्वीकृत हुई तो कल स्त्री–शासन में एक भी नागरिक नहीं रहेगा।

तीसरी : ऐसा? तो चलो हम लोग भी चलें, जल्दी करो।

[गाती–गाती चली जाती हैं।]

आज कण्टकित पुलक वेदना से तरुवर मन में।
उमड़ पड़ी है चंचलता पपुहुमी के कन–कन में;
फूट पड़ी है मिलन–विकलता तरु के तन–तन में।
सिहर उठा है तनस्थली का अंचल मलयज से;
दछिन वायु है जगा रही पुलकावलि छन–छन में।
चैत्र–चाँदनी छिटक विश्व में फैलाती मृदुला;
झर पड़ती है रस की रिमझिम बन के तृन–तृन में।

नवाँ दृश्य

[विचार–सभा, आर्य महल्लिका, महामन्त्रिणी, बाढ़वित्तिका, व्युद्गदा यथास्थान बैठी हैं। दूर एक कुर्सी पर दर्भरूढ़ है। घण्टा बजता है, तीन बालिकाएँ जो कॉन्स्टेबिल के वेश में हैं, बन्दी मदन को लेकर प्रवेश करती हैं। नेपथ्य में 'सहकार–दल की जय' का तुमुल नाद। फिर सन्नाटा।]

आर्य महल्लिका : अभियुक्त हाज़िर है?

एक कॉन्स्टेबिल : यह है भद्रे!

आर्य महल्लिका : *(मदन की ओर देखकर)* हूँ। आपका नाम?

मदन : मदन महीप।

आर्य महल्लिका : पिता का नाम है?

मदन : मन

आर्य महल्लिका : पेशा?

मदन : शिकार।

आर्य महल्लिका : कैसा शिकार?

मदन : स्त्रियों का।

आर्य महल्लिका : इस शासन में प्रवेश करने का आपका उद्देश्य?

मदन : शिकार

आर्य महल्लिका : अब तक कुछ शिकार आपने किये हैं?

मदन : सैकड़ों।

आर्य महल्लिका : जैसे?

मदन : जैसे पहला शिकार मैंने स्त्री–शासन की आर्य महल्लिका की कन्या जामा का किया है। इसके बाद...

[नेपथ्य में भीषण कोलाहल]

आर्य महल्लिका : हाँ, इसके बाद?

मदन : स्त्री–शासन की महामन्त्रिणी का।

महामन्त्रिणी : बन्दी, ज़बान सँभालकर बोल।

मदन : मैं बन्दी नहीं हूँ महाभागे, मैं शिकारी हूँ। बन्दिनी तो आप हैं।

महामन्त्रिणी : असह्य है भद्रे! इस उद्धत को शीघ्र दण्ड दिया जाये। *(नेपथ्य में भयानक कोलाहल)*

मदन : भविष्य निर्णय करेगा सुन्दरी, कि दण्ड कौन देगा–तुम या मैं? दण्ड किसे मिलेगा–तुम्हें या मुझे?

[आर्य महल्लिका निर्णय सुनाना चाहती है। हज़ारों स्त्रियाँ घुस आती हैं। भारी कोलाहल–"मदन को छोड़ दो", "हम विद्रोह करेंगी", "सहकारी दल की जय" आदि आवाज़ें]

आर्य महल्लिका : आह! क्या बात है? *(उठकर)* देवियो, आप लोग शान्त हो जायें। यह युग भद्रता का युग है। *('सुनो' 'सुनो' की आवाज़)* स्त्री–शासन शान्ति की स्थापना के लिए हुआ है, अशान्ति के लिए नहीं। *('हम नहीं चाहतीं स्त्री–शासन' की आवाज़)* आप स्त्री–शासन नहीं चाहतीं तो लीजिए, यह आर्य महल्लिका का सम्मान। मगर स्त्रियों की हँसी न कराइए।

मदन : *(आर्य महल्लिका से)* भद्रे, आप शान्त हों, भीड़ अभी शान्त हो जाती है। *(भीड़ की ओर मुँह करके)* सुन्दरियो, शान्त भाव से अपना वक्तव्य सुनाइए। शालीनता सौन्दर्य की चिर–अनुचरी है। शुभे मुंचर्जले, आप ही इनका वक्तव्य सुनाइए।

[भीड़ शान्त हो जाती है। मुंचर्जला सहकार पताका के साथ आगे आती है।]

मुंचर्जला : हम स्त्री–शासन की नागरिकाओं के सबसे प्रभावशाली संगठन 'सहकार–दल' की ओर से संक्षेप में उसकी माँग पेश करती हैं–

पहली माँग यह है कि 'मदन' नामक निर्दोष और लोकप्रिय बन्दी को बिना शर्त शीघ्र ही छोड़ दिया जाये।

दूसरी, यह कि शीघ्र ही स्त्री–शासन की ओर से पुरुष–शासन के प्रमुख व्यक्तियों को बुलाकर एक सभा करायी जाये और उसमें सम्मानपूर्ण सहयोग की बातचीत की जाये।

इस बात की पूर्ति के लिए सहकार–दल ने पुरुष–राज्य से आवश्यक बातचीत कर ली है। वायुमण्डल इसके अनुकूल है।

आर्य महल्लिका : ऐसा ही हो। पर मेरा आर्य महल्लिका के पद से त्याग–पत्र स्वीकार हो।

सब एक स्वर से : स्वीकार है।

[आर्य महल्लिका वेश फेंककर चल देती है। महामन्त्रिणी और दर्भरूढ़ अनुसरण करते हैं।]

दसवाँ दृश्य

[स्थान : आर्य महल्लिका के कक्ष का अग्रभाग। उत्तेजित दर्भरूढ़ तेज़ी से जा रहा है।]

दर्भरूढ़ : दृप्त पौरुष, स्त्री–शासन का विभ्राट् तूने अपनी आँखों से देखा। मगर रस्सी जल जाती है और ऐंठन नहीं जाती। आर्य महल्लिका की आँखें अब भी पुरुषों पर अँगारे बरसाती हैं। क्या ही दर्प–भरा उत्तर है–"जामा पुरुषों की गुलामी के लिए पैदा नहीं हुई है। पुरुष शुरू से लेकर अन्त तक स्वार्थी होते हैं। उद्धत पुरुष, फिर से यह प्रार्थना ज़बान पर न लाना।" जा रे दृप्त पुरुषत्व, अब भी तुझे इस बात का गर्व है कि अबला को क्षमा कर देता है। नहीं तो यह बातें अक्षम्य थीं। धिक्कार है इस मर्दानगी को! धिक्कार है उस पौरुष को, जो तरुणी के कटाक्ष–वाण से इतना कातर हो उठता

है कि यहाँ तक नौबत आ जाती है। स्त्री एक मोहक विष है, तीव्र हलाहल है।

महामन्त्रिणी : *(पीछे से)* नहीं भद्र! अमृत भी है।

दर्भरूढ़ : कौन? महामन्त्रिणी? महाभागे, मुझे क्षमा करें, आज मेरे दृप्त पुरुषत्व को बड़ी ठेस लगी है। 'उद्धत पुरुष फिर से यह प्रार्थना ज़बान पर न लाना।' गर्वित जठरे! देखते–देखते सारी शान धूल में मिल गयी, पर ऐंठ वही है। प्रार्थना करने वाला पुरुष उद्धत है और अँगारे बरसाने वाली यह बुढ़िया सौम्य!

महामन्त्रिणी : मेरे मान्य अतिथि के अपमान से मेरा हृदय चूर्ण–विचूर्ण हो गया है। सौम्य, तुम्हारे दृप्त पौरुष के चरणों में कोई उद्धत स्त्रीत्व सिसक रहा है। ख़बर है?

दर्गरूढ़ : भद्रे! *(आश्चर्य से उसकी ओर देखता है)*

महामन्त्रिणी : आर्य! (आँखें नीची, स्वर भारी)

[दोनों नतमस्तक होकर धीरे–धीरे जाते हैं।]

ग्यारहवाँ दृश्य

[स्थान : महामन्त्रिणी का कक्ष। महामन्त्रिणी उद्विग्न की भाँति।]

महामन्त्रिणी : दर्भरूढ़ चला गया। आर्य महल्लिका भी न जाने कहाँ अन्तर्ध्यान हो गयीं। यह उनका पत्र है। जामा को मेरे हाथ सौंप गयी हैं। हाय, बुढ़िया पागल हो गयी थी। यौवन के सिंहद्वार पर ही जो लगा था, उसका घाव वृद्धावस्था तक न भर सका। तब से बुढ़िया के सामने एक ही प्रश्न था–पुरुष प्रतिहिंसा, पर जामा का अभी यौवन में पदार्पण है। दर्भरूढ़ ने दरवाज़ा खटखटाया है। जामा ने खोल दिया–विश्वास के साथ, आदर से। हाय, जामा! काश तू जान सकती कि तेरी जीजी का हृदय भी उसी व्यथा से व्यथित है। पर यहीं, यौवन का यह प्रथम चांचल्य जामा तक नहीं पहुँचा। अच्छा है।

[मदन का प्रवेश]

मदन : सुन्दरी, दण्ड किसे मिलेगा? तुम्हें या मुझे?

महामन्त्रिणी : मदन, जलाओ मत। अपमान मत करो। स्त्री–शासन की महामन्त्रिणी होने का मुझे भ्रम था, तुमने उसे दूर कर दिया। मैंने आज त्याग–पत्र दे दिया है। अब मैं दण्ड देने वाली नहीं, पाने वाली हूँ। क्या दण्ड देते हो? बोलो!

मदन : सुन्दरी, वह सभा हो गयी। आज हज़ारों वर्षों के सतत उद्योग के बाद मदन अपने प्रयत्न में सफल हुआ है। बुद्ध, ईसा, गाँधी, सबने एक स्वर से मेरे विरुद्ध प्रचार किया था। हमेशा हमारी जीत होती रही। पर आज मैंने सम्पूर्ण विजय पायी है। पुरुष और स्त्री शासन को आज मैंने अपनी मध्यस्थता में एक कर दिया है। इस सम्बन्ध को दृढ़ करने के लिए तय हुआ है कि महामन्त्रिणी दर्भरूढ़ और जामा के शुभ परिणय का पौरोहित्य करें, न कर सकोगी?

महामन्त्रिणी : बड़ा ही भयानक दण्ड है मदन?

मदन : और सुनो, जामा से मैंने यह प्रस्ताव किया है। वह राज़ी है, बशर्ते कि तुम सदा दर्भरूढ़ और उसके साथ रहो।

महामन्त्रिणी : यह तो जले पर नमक छिड़कना है मदन!

न, न, यह मुझसे नहीं होगा। कुछ और दण्ड दो।

मदन : यही करना होगा। देखो, वह कौन आ रहा है? कवि है। हाय रे, सारा गुड़ गोबर कर देगा। उसकी बात न सुनना।

[कवि का प्रवेश]

कवि : *(गाता है)*

हृदय रे, मत उनको तू छेड़।
कहीं प्रेम से प्रियतम मेरे सोये हैं मत छेड़। हृदय...
उनके सुख में ही तेरा सुख उनके ही संग चैन।
हँसने दे उन्मुक्त हृदय से, तू भी हँस, मत छेड़। हृदय...
प्रेम मूल्य बस प्रेम–जगत् में ना सुख ना दुख–शोक,
हँसकर हो बलिदान उन्हीं पर, किन्तु न उनको छेड़। हृदय...

(मदन की ओर देखकर हँसता है) क्यों भई मदन, तुम तो समझते होगे, मैदान मार लिया। मैं तुम्हारा मित्र हूँ, यार महामन्त्रिणी को दण्ड देने आये हो न? ह ह ह ह ह–प्रेमी को दण्ड!

महामन्त्रिणी : *(उठकर)* स्वागत है भद्र!

कवि : पहले मदन से निबट लीजिए।

मदन : *(फीका पड़ जाता है)* मुझे और कुछ नहीं, सिर्फ़ यही जानना है कि महामन्त्रिणी को मेरे प्रस्ताव स्वीकार हैं या नहीं?

कवि : निश्चय ही होंगे। जिसकी कृपा से आज माधवी लता सहकार के आलिंगन–पाश में बँधी है; जिसके कटाक्षपात से आज नव–मल्लिका मधूक की पुष्प–सुरभित शाखा की अंकशायिनी हुई है; जिसके प्रताप से वनस्थली में पुलक स्पन्दन, स्रोतस्विनी में तरंगकेलि, सरसी में सिहरन का प्रस्फोट हुआ है, उस सर्वजित मदन के प्रस्ताव इन्हें निश्चय ही स्वीकार होंगे। हैं न भद्रे!

महामन्त्रिणी : स्वीकार हैं।

मदन : अच्छा तो विदा सुन्दरी!

कवि : विदा। *(मदन जाता है)*। विजय के मतवाले मदन, कवि ने तेरी कमज़ोरी की ओर प्रत्येक युग में इशारा किया है। कुमारसम्भव और शकुन्तला के अक्षय गान से भी तुझे होश नहीं हुआ? प्रेम के अक्षय प्रकाश के सम्मुख तू अपने प्रदीप की ज्योति टिमटिमाना चाहता है। भोले, आजीवन चूकता ही रहा, पर ऐंठ नहीं गयी। *(गाने लगता है।)*

मदन, तुम्हें होश आयेगा कब?
घमण्ड तुमको न पायेगा कब?
कहो भला कालिदास कितने
रवीन्द्र या तुलसीदास कितने
सिखायेंगे प्रेम की महत्ता।

मदन तुम्हें होश आयेगा कब?
भला उमाएँ शकुन्तलाएँ।
यशोधराएँ उतर–उतरकर
कहाँ तलक भर्त्सना करेंगी,
मदन, तुम्हें होश आयेगा कब?

कवि : महामन्त्रिणी।

महामन्त्रिणी : आर्य।

कवि : मदन जिसे दण्ड कह गया है, कवि उसे वरदान कहता है।

महामन्त्रिणी : यह कैसे आर्य?

कवि : मदन एक नशा है। प्रेम नशा नहीं है। प्रेम मनुष्य को प्रकृति में रहने देता है। मदन शराब है, प्रेम अमृत। मदन खुमारी है, प्रेम स्फूर्ति। मदन संसार से छिपता है, प्रेम संसार को छिपा लेता है। इससे बढ़कर आनन्द–वरदान और क्या होगा देवी, कि दर्भरूढ़ और जामा तुम्हारे दोनों प्रेमपात्र–तुम्हारी दोनों आँखों की पुतलियाँ–सदा तुम्हारे सामने रहेंगे?

महामन्त्रिणी : आर्य, मैं भूली थी। अब समझ गयी। मदन के गर्वपूर्वक कहा–'आज मैंने सबको जीता है।' मैं और भी अधिक गर्व से कहूँगी–'मैंने मदन को जीता है।' आशीर्वाद दो कवि, मैं अपने प्रेम में अक्षय सुहाग देख पाऊँ।

कवि : निश्चय देखोगी देती।

[दर्भरूढ़, जामा, व्युद्‌गदा, बाढ़वित्तिका और मुचर्जला का प्रवेश]

मुंचर्जला : महामन्त्रिणी को नमस्कार है!

सभी : *(एक स्वर में)* नमस्कार है!

मुंचर्जला : महामन्त्रिणी, आपको यह कर्तव्य दिया गया है कि आप दर्भरूढ़ और जामा के शुभ–परिणय का पौराहित्य करें।

महामन्त्रिणी : मैं संसार में अपने सबसे प्रिय पात्र दर्भरूढ़ और सबसे प्रिय पात्री जामा के शुभ–विवाह की घोषणा करती हूँ। वर–कन्या चिरायु हों!

सब : चिरायु हों!

कवि : (गाता है)

ऐ मत्त मदन के अन्तराल में छिपने वाले, जय हो।
ऐ जग को समता में रखने वाले मतवाले, जय हो।
उत्सृष्ट स्वयं हो किन्तु सृष्टि के रचने वाले, जय हो।
ऐ स्वार्थसने, अतिशय उदारता रखने वाले, जय हो।
ऐ मनसिज अगम अगोचर,
हे मौजी अलबेले, जय हो।
उत्थान–पतन के विविध खेल,
तुमने हैं खेले, जय हो।
तुम अक्षय, अनमिल, विश्व व्याप्त,
हो किन्तु अकेले, जय हो।
निरपेक्ष, निराकांक्षी मोहन के
अनुपम चेले, जय हो।

[वसन्त का हँसते हुए प्रवेश। कवि के साथ ही गाने लगता है।]

चिर यौवन अनुचर सदा तुम्हारा,
हे चिर तापस, जय हो!
उत्फुल्ल–कुसुम–सुरभित वसन्त के,
हे गुरु तापस, जय हो!
परिपूर्ण मनोभव के अनन्य
विजयी, सुर तापस, जय हो!
हे निराकांक्ष, निस्वार्थ प्रेम
पावन, वर–तापस, जय हो!
सब परिताप जगत् के एक–
एक ही व्यथा तुम्हीं में लय हो!
हे शुभ, हे सुन्दर, हे मंगल,
कल्याण–रूप हे! जय हो!

(पटाक्षेप)

[चाँद–अप्रैल–1934 ई. के अंक में प्रकाशित]

मार्ग यह सुन्दर बहुत है।
गाड़ियाँ, घोड़े, पदातिक सभी के उपयुक्त।
सुना है उसको पकड़कर चल सके कोई,
पहुँचता लक्ष्य तक निर्भ्रान्त।
जानता हूँ, मानता हूँ
लक्ष्य तक निर्भ्रान्त जाना चाहता हूँ।
सड़क पक्की और छायादार यह है।

किन्तु मैं मजबूर हूँ।
कंकड़ों में, कंटकों में
दूर जंगल में
भटकना है बदा मुझको।
नहीं तो जी नहीं सकता
इस तरफ़ कोई न चलता यान,
है कोई न देता ध्यान।
मैं भटकता बढ़ रहा हूँ
लक्ष्य से अनजान।

सोचता हूँ क्या यही है लक्ष्य जीवन का कि
जीते जाव,
पीते जाव
अपने क्षेम को ही।
दूर वाले समझते हैं आदमी वह प्राणवन्त महान।
कंकड़ों पर चल रहा है।
कंटकों को दल रहा है।
किन्तु मैं हूँ जानता इस रास्ते की मार,
और मैं हूँ जानता पक्की सड़क के नहीं पाने का
भयंकर घाव।

□□